DISCOURS

PRONONCÉ

SUR LE CERCUEIL

DE

M. LE SÉNATEUR PIETRI

PAR

M. H. A. BARTOLI,

D. M. P.

PROFESSEUR A L'ÉCOLE DE MÉDECINE DE MARSEILLE.

BASTIA,

DE L'IMPRIMERIE FABIANI.

1864.

Messieurs

Nous voici arrivés au moment des suprêmes adieux. Cette tombe ouverte va se refermer, pour toujours, sur ce grand citoyen que nous avons si souvent admiré, sur cet homme de cœur et de bien que nous avons tant aimé: Ah! comment trouver, dans cet instant fatal et solennel des paroles pour exprimer ce que tous nous ressentons si vivement !

La mort de Pietri est un grand malheur. Ce n'est pas moi qui le dis, ce fut, dès le premier moment, le cri de la conscience publique et je n'en suis ici que l'écho.

Rappelez-vous, Messieurs, l'impression qui s'est manifestée à cette triste nouvelle. « Quelle perte pour l'Empereur , s'est-on écrié d'un bout à l'autre de la France ! quelle perte pour le pays ! »

Et nous, qu'il avait admis dans l'intimité de ses pensées, nous avons ajouté: « quelle perte pour sa famille et pour ses amis! »

Qu'il me soit permis de faire un moment trève à la douleur que j'éprouve, pour retracer, en quelques mots, la vie de notre illustre compatriote. Le simple récit de sa belle et trop courte carrière est le meilleur éloge qu'on puisse faire d'un tel homme. Raconter c'est louer, car les faits sont ici ce qu'il y a de plus éloquent.

Pietri, Pierre Marie, naquit en 1809, à Sartene, (Corse) d'une famille ancienne sur laquelle avaient répandu l'éclat de leur nom deux de ses membres distingués par leur talent autant que par leur patriotisme, et dont la mémoire est restée chère parmi nous.

Elevé par les soins et sous les yeux d'une mère pieuse qui s'était vouée à l'éducation de ses enfants, Pietri apprit dès ses plus jeunes années à aimer le nom de Bonaparte, alors parvenu à l'apogée de la gloire, et à le vénérer ensuite quand, frappé par l'infortune et voué à l'exil, il devint l'objet d'un culte pour le peuple Corse.

Destiné au barreau, Pietri quitta Sartene en 1827 pour aller achever ses études à Marseille. Peu de temps après, il alla commencer à Aix son cours de droit qu'il acheva ensuite à Paris.

Reçu avocat en 1830-1831, Pietri se trouvait dans la capitale à cette époque mémorable où un grand peuple, dans l'élan d'une sublime colère, reconquit son indépendance dans une bataille de trois jours célèbres, relevant, par la plus éclatante victoire, la France de l'humiliation que l'étranger lui avait imposé après *Waterloo*.

Pietri ne pouvait rester étranger à cet enthousiasme national qui dominait alors l'esprit de la jeunesse. Il se mêla au courant et se lia avec quelques publicistes, particulièrement avec Armand Carrel dont il aimait la chaleur d'âme et la sincérité des convictions. Il ·fit partie de la société des droits de l'homme et fut l'un des signataires de la protestation adressée aux chambres contre la construction des 21 forts que le gouvernement de juillet voulait élever autour de la capitale.

Le calme s'étant rétabli dans les esprits, Pietri, pour ne plus rester à charge à sa famille qui s'était imposé de grands sacrifices pour lui donner une éducation conforme à sa naissance et à ses goûts, chercha dans le travail les moyens de se suffire lui-même et s'adonna avec ardeur à l'étude du droit pratique. Son amour pour le travail, ses goûts simples et modestes rendirent facile l'accomplissement d'une pareille résolution. Doué d'un caractère plein de calme et d'une rare sagacité, il préféra le silence et les réflexions du cabinet aux discussions du palais.

C'est ainsi qu'il devint d'abord chef du cabinet de M. Crémieux et plus tard, collaborateur des légistes les plus estimés. Les subtilités de la Jurisprudence, si dangereuses pour les esprits légers, fortifièrent la rectitude naturelle de son jugement, et c'est par là qu'il devint, dans la suite, le modèle des administrateurs.

Les travaux de cabinet qui absorbaient presque tout son temps, ne l'empêchèrent point cependant d'observer, jour par jour, l'état politique de la France. Toujours fidèle aux convictions qu'il avait, pour ainsi dire, sucées avec le lait, on le vit, en 1841, se rendre auprès de l'illustre captif de Ham qu'il voulait avoir l'honneur de connaître personnellement et, en 1847, il contribua par l'activité de ses démarches à rouvrir au prince Jérôme les portes de la patrie.

La révolution de 1848 le fit entrer dans la carrière publique; il fut envoyé en Corse par le gouvernement provisoire, en qualité de commissaire de la République. — Ses compatriotes l'accueillirent avec enthousiasme. — Secondé par son collègue, M. Vogin, il maintint, grâce à son esprit juste et conciliant, la tranquillité dans un pays où les passions sont si ardentes, mais où l'on sait admirer et respecter, plus que partout ailleurs, les administrateurs intègres et impartiaux.

Nommé ensuite représentant du peuple à la Constituante, il s'associa à toutes les idées généreuses et fécondes de cette assemblée et résista par son vote aux actes de la majorité contre Louis Blanc et Caussidière ; il repoussa le maintien de l'état de siège, et vota contre les décrets sur les heures de travail et sur la contrainte par corps. A cette même époque il présenta à la chambre une proposition tendant à abroger la loi d'exil qui pesait sur les membres de la famille *Bonaparte*, mais, aussi modeste que dévoué à l'illustre famille, il se contenta de l'honneur qui lui revenait pour cette initiative et céda la parole à une voix éloquente ; ce fut M. Jules Favre qui se chargea de soutenir, dans cette circonstance, avec tout le prestige de son talent, la noble cause de l'infortune.

Le Prince Président, qui avait connu et apprécié la loyauté des sentiments et les qualités éminentes de Pietri, fut à peine parvenu au pouvoir qu'il l'envoya comme Préfet dans l'Ariège pour y restaurer l'influence du gouvernement qui s'était affaiblie sous les trois ou quatre préfets qui l'avaient précédé dans ce département.

Nommé préfet à Toulouse, lors du coup d'État du 2 Décembre, il parvint à contenir, par son attitude calme et ferme, la population ardente de cette ville qui paraissait résolue à suivre l'exemple de celle de Paris, en engageant une lutte sanglante.

Appelé, quelque temps après, à la Préfecture de Police, Pietri qui comprenait toute l'importance de cette position aussi élevée que difficile, s'efforça de ramener le calme dans les esprits encore agités, en se montrant de suite tel qu'il a toujours été, magistrat intègre, serviteur dévoué de l'Empereur, autant que protecteur zélé des intérêts du peuple.

Convaincu par l'expérience que la bienveillance et la justice, dans les actes de l'homme public, sont les moyens les plus sûrs d'attirer à lui l'estime et les sympathies des gens de bien, il recommanda expressément aux agents de son administration de se montrer toujours conciliants et polis envers tout le monde, décidé à sévir contre tout fauteur de désordre; il réussit à faire disparaître, par ce moyen aussi sage qu'habile, cette injuste prévention des citoyens contre ces agents du pouvoir, chargés, après tout, d'assurer la fortune et le repos publics.

Il imprima une nouvelle impulsion à tous les divers services de cette grande administration qui devinrent ainsi l'objet d'améliorations importantes.

Dans tous les changements, qu'il opéra, disons-le hautement, Pietri respecta toujours scrupuleusement les droits acquis et tint compte des services rendus : jamais il n'eût toléré le moindre abus d'autorité.

Dans sa constante sollicitude pour ses administrés, toutes les fois que des grèves inquiétantes pour le commerce venaient à se produire, il réunissait autour de lui ouvriers et patrons et parvenait à tout concilier, par sa parole bienveillante et pleine de sages conseils.

Quand le chômage amena quelqu'une de ces crises qui agissent si cruellement sur la classe ouvrière, il sollicita et obtint de l'Empereur et de l'Impératrice des sommes considérables pour les distribuer aux ouvriers qui ne pouvaient payer un loyer élevé outre mesure.

Durant les six années qu'il exerça les fonctions de Préfet de Police, il dépensa tout ce qu'il avait d'énergie pour suffire à sa rude tâche, tout ce qu'il avait de dévouement pour rallier à l'Empereur les sympathies du peuple parisien, en s'efforçant de prouver par tous les actes de son administration, qu'il ne s'était jamais considéré que comme un tuteur bienveillant et vigilant des intérêts de la ville.

Sa santé s'étant profondément altérée dans les derniers temps et ennemi d'ailleurs de toute mesure réactionnaire, il sollicita, comme une faveur, sous le ministère du général Espinasse, d'être relevé de ses fonctions, ce qui lui fut accordé non sans regret, on le sait, par *Celui* qui dans l'exil et la captivité, comme sur le trône, n'a pas un moment cessé de lui temoigner la plus haute confiance et la plus vive affection.

Mais Pietri était un de ces hommes dont le concours est trop précieux pour qu'on puisse longtemps se passer de leurs services. La guerre d'Italie éclate, et aussitôt il est chargé d'une haute mission de confiance par l'Empereur qu'il accompagne dans cette glorieuse expédition.

Il ne nous est pas permis de rechercher s'il a réalisé ce qu'on attendait de son intelligence et de son zèle, mais tout prouve qu'il en fut ainsi, car nous voyons encore le choix du Souverain s'arrêter sur lui, lorsqu'il fut question de préparer et d'opérer l'annexion du comté de Nice à la France.

Dans les trois mois qu'il consacra à cette importante mission, il ne cessa d'agir avec autant de calme que de fermeté pour ramener les esprits exaltés qui cherchaient à intimider, par des démonstrations menaçantes, les partisans de la France.

Les menées des étrangers, ennemis de tout accroissement territorial de l'Empire, les excitations de Garibaldi qui écrivait fréquemment à ses partisans et annonçait même son arrivée, la présence d'un grand nombre d'émigrés et d'agents de la société nationale pour empêcher la libre expression du vote, voilà tout autant d'obstacles pour tout autre et qui auraient suffi pour empêcher d'obtenir l'adhésion de la majorité des votants favorables, du reste, à l'annexion. Mais Pietri, venu seul à Nice avec M. Rapetti, son ami, qui l'accompagnait en qualité de secrétaire, ne se découragea point en présence de ces difficultés; il parvint, en peu de temps, par l'affabilité de ses manières, par son esprit conciliant, à captiver les sympathies des anti-annexionistes les plus hostiles et à faire aimer la France dans la personne de son représentant.

Pendant cette délicate mission, il n'a pu être reproché à Pietri, nous ne dirons pas un seul abus de pouvoir, mais un seul acte d'autorité.

L'honorable Sénateur qui tenait à représenter uniquement le prestige et la force morale de la France, ne voulut devoir qu'aux inspirations de son zèle, qu'à cette éloquence du cœur dont il avait le secret, l'appaisement des esprits si nécessaire au succès moral de l'annexion et au triomphe complet de la politique de son Souverain.

Après la prise de possession officielle de Nice, il revint à Paris, en laissant dans les populations, dont il venait de faire la pacifique conquête, des souvenirs et des sympathies qui lui survivront longtemps.

C'est à cette époque qu'il associa à son sort une

compagne douce et modeste, afin de trouver dans le bonheur domestique ces satisfactions du cœur que les positions sociales les plus élevées ne donnent pas toujours.

Dernièrement enfin, Messieurs, le département de la Gironde étant troublé par de graves dissidences, ce fut encore Pietri qui fut désigné pour ramener le calme dans ce pays et relever l'influence méconnue du gouvernement. Il réussit dans cette entreprise difficile, mais à quel prix, Messieurs! C'est là qu'il contracta le germe de la maladie qui vient de le ravir à notre affection, dans la force de l'âge, et lorsque nous espérions qu'il pourrait rendre encore de longs et nombreux services à son pays.

Les services éminents de Pietri ont été récompensés par des distinctions et des dignités qui les ont, pour ainsi dire, constatés et confirmés. Il avait été revêtu de la dignité de Sénateur et du grade le plus élevé dans l'ordre impérial de la Légion d'honneur; mais la faveur dont il était le plus fier et qui le rendait heureux, ce fut l'amitié de l'Empereur et celle des princes de sa famille.

Aussi, fidèle, jusqu'à la dernière heure, aux principes de toute sa vie, révélait-il le fond même de sa pensée lorsque, quelques heures avant sa mort, il disait aux amis qui l'entouraient dans ce triste moment: « Défendez les droits des masses, mais dirigez toujours leur pensée vers l'Empereur. C'est que dans son patriotisme ardent, mais éclairé, il ne séparait pas la dynastie Napoléonienne de la cause du peuple ; c'est qu'il était profondément convaincu que la France ne pouvait être heureuse et libre, forte et puissante, que sous le sceptre de souverains s'attachant à protéger, pratiquer et développer les principes de 89. C'est le côté tout particulier et pour ainsi dire original de cette politique, qui a fait dire qu'il y avait du Républicain dans ce Bonapartiste, que Pietri était l'homme non du présent, mais de l'avenir et qu'à ce titre, il était un trait d'union nécessaire entre l'Empire et la démocratie.

Tel a été, en quelques mots, le testament politique de cet homme supérieur et je dirai presque le seul legs qu'il ait fait aux siens, car, chargé de hautes fonctions et de grandes missions, son désintéressement vraiment antique n'a songé qu'à servir son pays et l'Empereur, et n'a cherché d'autres avantages que l'honneur qui lui revenait de ces grands devoirs accomplis. Pietri, profondément attaché à notre religion, est mort dans le sein de l'Église, car sa manière de voir, en politique, touchant Rome et le pouvoir temporel, n'avait en rien altéré la sincérité de ses convictions religieuses.

Telle a été, Messieurs, cette noble existence

dont j'ai essayé de vous rappeler les principaux traits, comme pour répandre quelques fleurs sur cette tombe qui va l'engloutir à jamais. Elle était, d'ailleurs, bien connue et bien appréciée de vous tous, de la Corse toute entière, comme du reste de la France.

Je n'en veux pour témoignage que ces expressions unanimes d'estime et de regrets par lesquelles la presse française et la presse italienne ont accueilli la nouvelle de sa mort; je n'en veux pour preuve que ces hommages rendus à ses restes mortels à leur passage à Ajaccio, cette belle cité, trop méconnue, trop oubliée aujourd'hui même, quoiqu'elle soit le berceau d'une glorieuse dynastie et qu'elle se soit toujours distinguée par son patriotisme et sa fidélité au malheur; j'en atteste enfin le peuple Corse qui envoie ici des députations, venues de toute part, pour assister à ces patriotiques funérailles, et la population de Sartène qui s'est empressée de revendiquer ses cendres, comme étant une propriété à laquelle lui donnaient droit son attachement et ses respects, et dont elle devait se montrer à bon droit jalouse.

Une si grande et si imposante manifestation de tout un peuple, ce deuil de tous les citoyens, cette affliction qui a pénétré dans tous les foyers quand cette belle existence s'est éteinte, seront une consolation pour la famille de Pietri, pour ce frère qui marche sur ses traces, et qui, héritier de son nom, héritera aussi de ses nobles exemples.

Adieu Pietri! c'est une voix qui te fut chère qui t'adresse ces derniers mots. Adieu pour toujours! Tu descends dans la tombe au milieu du deuil général des Corses tes compatriotes, suivi des regrets de la France entière; peu de vies ont excité tant de sympathies, peu de morts ont été environnées d'un pareil deuil. Le dernier et funèbre épisode de ta brillante carrière est grand et noble comme toutes tes actions, c'est le digne couronnement de ta vie.

Adieu! repose en paix!